BEI GRIN MACHT SICH IHR WISSEN BEZAHLT

- Wir veröffentlichen Ihre Hausarbeit,
  Bachelor- und Masterarbeit

- Ihr eigenes eBook und Buch -
  weltweit in allen wichtigen Shops

- Verdienen Sie an jedem Verkauf

Jetzt bei www.GRIN.com hochladen und kostenlos publizieren

Einführung in die Psychologie. Leib-Seele-Problem, psychologische Forschung, kognitive Wende

Bibliografische Information der Deutschen Nationalbibliothek:

Die Deutsche Nationalbibliothek verzeichnet diese Publikation in der Deutschen Nationalbibliografie; detaillierte bibliografische Daten sind im Internet über http://dnb.d-nb.de abrufbar.

ISBN: 9783346761378
Dieses Buch ist auch als E-Book erhältlich.

Druck und Bindung: Books on Demand GmbH, Norderstedt Germany
Gedruckt auf säurefreiem Papier aus verantwortungsvollen Quellen

Das vorliegende Werk wurde sorgfältig erarbeitet. Dennoch übernehmen Autoren und Verlag für die Richtigkeit von Angaben, Hinweisen, Links und Ratschlägen sowie eventuelle Druckfehler keine Haftung.

Das Buch bei GRIN: https://www.grin.com/document/1297403

Einsendeaufgabe

Einführung in die Psychologie

SRH Fernhochschule

Modul:

Einführung in die Psychologie

Studiengang:

Psychologie B. Sc.

Inhaltsverzeichnis

Abkürzungsverzeichnis

Abb.	Abbildung
CT	Computertomografie
EEG	Elektroenzephalografie
etc.	et cetera
fmRT	funktionelle Magnetresonanztomografie
MRT	Magnetresonanztomografie
PET	Positronen-Emissions-Tomografie
SPECT	Single-Photon-Emissionscomputertomografie
vgl.	vergleiche
v. Chr.	vor Christus
UVs	unabhängige Variable

Abbildungsverzeichnis

1 Aufgabe A1: Leib-Seele-Problem

In diesem Kapitel 1 steht die Beziehung zwischen Körper und Seele im Vordergrund. Dabei werden vor allem zwei Fragen behandelt: Was ist der Mensch bei Platon, was ist der Mensch bei Aristoteles und wie hängen die Begriffe Mensch und Seele zusammen?

Ferner wird auch auf den Dualismus von René Descartes eingegangen, um letztlich Folgen für die Behandlung psychischer Störungen aus einer monistischen beziehungsweise dualistischen Perspektive abzuleiten.

1.1 Das Leib-Seele-Problem

Die Frage nach der Verbindung zwischen Körper und Geist des Menschen beschäftigt die Philosophie seit der Antike. Bekannte Philosophen wie Sokrates, Platon, Aristoteles oder Descartes haben sich mit dem Leib-Seele-Problem auseinandergesetzt. Hierbei betrachteten sie das Thema aus unterschiedlichen Gründen und auf unterschiedliche Weise.

Das Leib-Seele-Problem untersucht die Verbindung zwischen Körper und Geist eines Lebewesens.

Aristoteles (384–322 v. Chr.) beschäftigte sich im antiken Griechenland intensiv mit der Seelenlehre. Er entwickelte Prinzipien, die auf sorgfältiger Beobachtung basierten. Aus seinen Beobachtungen kam er zu dem Schluss, dass die Seele nicht vom Körper getrennt werden kann, ebenso wenig die einzelnen Teile der Seele.[1]

Sokrates, ein griechischer Philosoph und Lehrer (469–399 v. Chr.), und einer seiner Schüler, Platon (428–348 v. Chr.), beschäftigten sich ebenfalls mit der Seele, vertraten aber eine andere Meinung. Für sie ist der Zusammenhang zwischen Seele und Körper unbestreitbar, aber die Seele wird als separate, immaterielle Einheit angesehen, die den Körper nach dem Tod verlassen kann.

Aus diesem Grund ist ein Leben nach dem Tod der Seele möglich. Anders als der Körper ist die Seele unsterblich. Die Seele und der Körper könnten unabhängig voneinander existieren, aber die Seele sei das wahre Selbst des Menschen.

Später wurde diese Ansicht insbesondere durch René Descartes in seiner Erkenntnistheorie aufgegriffen.

Hervorzuheben ist auch die Wandlung der Namen im Laufe der Geschichte.[2]

---

[1] Vgl. *Brüntrup* (1996), S. 26-28.
[2] Vgl. *Beckermann* (2011), S. 8-18.

Heutzutage werden in der Literatur nicht mehr die Wörter Seele oder Geist benutzt, sondern die Wörter Psyche, das Mentale oder auch Bewusstsein. Anstelle des Wortes Leib wird generell das Wort Körper, allgemeiner auch Physis, verwendet. Unabhängig davon, wie die Namen gewählt werden, trägt ihre Verwendung oft dazu bei, die Grundüberzeugung, dass der Mensch ein Wesen aus Leib und Seele ist, zu unterstreichen oder – im Gegenteil – grundsätzlich zu hinterfragen.[3]

1.2 Verhältnis Leib-Seele bei Aristoteles

Aristoteles bezeichnete die Seele nicht als eigenständige Entität, sondern als Vollendung eines Körpers, der möglichst am Leben ist. Er formulierte in seinem Werk de Anima selbst, dass die Seele die erste Realität eines lebensfähigen Körpers sei. Ferner beschrieb Aristoteles, dass die Seele die erste Wirklichkeit eines Körpers sei, der nach Möglichkeit am Leben ist und im Besitz von Organen.[4]

Für Aristoteles gab es drei Arten von Seelen: «die einfache Seele der Pflanzen, die animalische Seele der Tiere und die vernünftige Seele des Menschen.»[5]

Bei allen Arten ist die Seele die Form des Körpers, die durch ihre Kraft den Körper zu dem macht, was er ist. Aufgrund der verschiedenen Arten von Seelen gibt es auch ein unterschiedliches Bewusstsein, das die Lebenden von den Toten unterscheidet. Nach Aristoteles haben Pflanzen eine vegetative Seele und sind als einfache Geschöpfe anzusehen. Ihre Anwesenheit kann durch die Aufnahme von Nährstoffen, durch Wachstum, durch einfache Sinne wie Licht und Berührung gesehen werden. Tiere besitzen zusätzlich Fähigkeiten wie Wahrnehmungen und Berührungen. Jedoch verfügen Menschen als einzige Lebewesen nach Aristoteles ein Denkvermögen.[6]

Hervorzuheben ist, dass die Seele im Wesentlichen der Teil des Körpers ist, der das Potenzial zum Leben hat. Die Seele ist die Form, die dem Körper die vollkommene Realität verleiht. Nur durch die Seele kann der Körper beispielsweise leben oder denken. Daher ist die Seele zugleich Ursache und Zweck jeder Existenz und der Körper ist deren Instrument. Die Seele braucht den Körper, der Körper benötigt die Seele – diese bilden ein Ganzes. Die Einheit von Geist und Körper bildet die Typenlehre des Aristoteles, was auch unter dem Begriff Monismus zusammenzufassen ist.[7]

---

[3] Vgl. *Galliker* (2016), S. 291.
[4] Vgl. Beckermann (2011), S.10
[5] *Corcilius* (2017), S. 15.
[6] Vgl. *Corcilius* (2017), S. 15-18.
[7] Vgl. *Beckermann* (2011), S. 23.

1.3 Platonisches Leib-Seele-Problem

Der Bezug zwischen Seele und Körper war auch für Platon (428–347 v. Chr.) offensichtlich, obwohl er die Seele als ein vom Körper eigenständiges immaterielles Wesen beschrieb, das den Körper nach dem Tod verlassen konnte.

Daher ist ein Leben nach dem Tod der Seele möglich, weil es ohne den Körper weitergehen kann. Ferner war für Platon die Seele im Gegensatz zum Körper unsterblich. Er glaubte, dass Körper und Seele unabhängig voneinander existieren könnten, aber die Seele sei das wahre Selbst des Menschen.[8]

Es geht hervor, dass laut Platon Körper und Seele zwei getrennte Einheiten darstellen.

Dieses Konzept wird auch Dualismus genannt.

Charakteristisch für den Dualismus ist, dass Körper und Seele als zwei unabhängige Objekte anzusehen sind, die unabhängig voneinander existieren können.

Die folgenden vier Thesen kennzeichnen den Dualismus:

- Der Mensch hat einen Körper und eine Seele, wobei die Seele ein immaterielles Wesen darstellt.
- Die Seele ist als das wahre Selbst des Menschen anzusehen und sie ist nicht auf den Körper angewiesen.
- Körper und Seele sind nur während ihres Erdlebens in einer engen Verbindung. Danach kann nur die Seele überleben.
- Der Körper ist als vergänglich anzusehen, die Seele als unsterblich.[9]

1.4 Descartes: Leib-Seele-Interpretation

In Bezug auf die Seele stimmte der moderne Philosoph René Descartes (1596–1650) Platons Argument zu, dass diese das wahre Selbst des Menschen sei.

Er lebte zu Beginn der Neuzeit – in einer Zeit, in der die Menschen hochreligiös und die Naturwissenschaften nahezu undifferenziert betrachtet wurden.

Galileo Galilei beispielsweise wurde während der Inquisition wegen seiner Schriften zum Tode verurteilt.

Nichtsdestotrotz definierte er die Seele als res cogitans und den Körper als rex extensa, die in einem kausalen Zusammenhang stehen. Die Hauptaufgabe der Seele ist es, zu denken, und das wesentliche Attribut des Körpers ist die Ausdehnung.

---

[8] Vgl. *Myers* (2008), S. 4-5.
[9] Vgl. *Beckermann* (2011), S. 23-31.

Denken wird bei Descartes als denkendes Wesen verstanden, was durch den Begriff der Seele erklärt werden kann, da es ein wesentliches Merkmal der res cogitans ist.

Umgekehrt können physische Dinge nicht gedacht werden. Ein Merkmal des Körpers ist seine Ausdehnung.[10]

Daher ist die Seele des Menschen, sein eigentliches Selbst, ein Gedanke, keine Substanz. Descartes glaubte, dass eine Existenz ohne Körper und ohne physikalische Eigenschaften gedacht werden kann, aber eine Existenz ohne Verstand nicht möglich ist. Er demonstrierte seine Positionierung in der sechsten Meditation:[11]

«Erstens weiss ich, dass alles, was ich klar und deutlich einsehe, von Gott so geschaffen sein könnte, wie es sich mir darstellt; wenn ich daher ein Ding klar und deutlich, ohne ein anderes zu erkennen vermag, so genügt dies, um mich zu vergewissern, dass die beiden wirklich verschieden sind, da sie wenigstens jedes für sich von Gott gesetzt werden können.

Ich weiss von meiner Existenz und schreibe gar nichts anderes meiner Natur oder meinem Wesen zu, als dass ich ein denkendes Ding sei.»[12]

Descartes sieht die Wechselwirkung zwischen diesen zwei Elementen, dabei wirkt der Geist an einer bestimmten Stelle des Körpers: der Zirbeldrüse.

Das Zusammenspiel von Körper und Seele wird durch die Koordination der Zustände des Gehirns in der Zirbeldrüse erreicht. Diese Koordination ermöglicht es dem Gehirn, auf körperliche Bedingungen zu reagieren, und umgekehrt. Jedoch ist die Zirbeldrüse nicht der Sitz der Seele, sondern nur die Schnittstelle zwischen Körper und Geist, wo beide Substanzen interagieren können.

Nach ihm wird die kausale Beziehung zwischen den beiden getrennten Entitäten res cogitans und res extensa mithilfe der Bewegung des lebendigen Geistes hergestellt.[13]

---

[10] Vgl. *Brüntrup* (1996), S. 25-30.
[11] Vgl. *Schmitt* (2020), S. 218.
[12] *Habersack* (2010), S. 39
[13] Vgl. *Brüntrup* (1996), S. 27-29.

1.5 Folgen für die Therapie psychischer Störungen

Die Debatte zwischen Geist und Körper fand in vielen verschiedenen Epochen statt. Unabhängig davon, ob ein monistisches oder dualistisches Verständnis des Zusammenhangs von Körper und Seele herrscht, beide Perspektiven haben einen grossen Einfluss auf die Therapie psychischer Störungen.

Die dualistische Sichtweise betrachtet Geist und Körper als getrennte Dimensionen, die bestenfalls kausal miteinander in Beziehung stehen.

Ob ein Arzt beispielsweise den Körper eher als Objekt oder als Subjekt sieht, bestimmt im Allgemeinen massgeblich seinen Umgang mit psychischen Erkrankungen.

Aus Umfragen mit Psychologen und Ärzten geht hervor, dass ihre Einstellung zu körperlichen und psychischen Problemen die Wahl von Tests und Behandlungen beeinflussen kann.

Wenn ein Arzt Menschen als Objekte sieht (Dualismus), wendet er sich eher der Technomedizin zu (Beobachtung, Messung und Analyse von Körperorganen). Auf die Gefühle des Patienten wird wenig Rücksicht genommen. Er wird sozusagen materialisiert, d. h., der Patient wird nur als Körper gesehen. Folglich steht die moderne Medizintechnik zwischen dem Behandler und Patient, kann beide entfremden und eine subjektivere Einstellung gegenüber den Leidenden verhindern.[14]

Hingegen bezieht die monistische Sichtweise biologische, psychologische, zwischenmenschliche und soziokulturelle Dimensionen in die Interpretation des Krankheitsbildes mit ein.

Insbesondere in der Psychosomatik ist die monistische Sichtweise von erheblicher Relevanz. Der Begriff ‚Geist-Körper' taucht erstmals bei Johann Christian August Heinroth (1773–1849) auf. Im Jahr 1811 wurde er als erster Professor für Psychotherapie in Leipzig berufen.

Für ihn galt, dass im Menschen weder der Körper noch die Seele allein ist, sondern der Mensch als Ganzes angesehen werden soll.

Es geht hervor, dass Psychosomatik das Zusammenspiel zwischen physischen, psychischen und sozialen Prozessen bei der Entstehung und Behandlung von Krankheiten und Leidenszuständen beinhaltet. Diese körperlichen, psychischen und sozialen Faktoren müssen für jede Erkrankung individuell gewichtet werden.[15]

Die Betrachtung des Zusammenspiels von körperlicher, psychischer Gesundheit und sozialem Umfeld soll ein ganzheitliches Bild ergeben. Es geht auch um Emotionen und Einflüsse, die durch mehr oder weniger unbewusste Prägungen und Traumata gesteuert werden.

---

[14] Vgl. *Meyer* (2005), S. 59-60.
[15] Vgl. *Fritzsche/Wirsching* (2020), S. 4-6.

Alle Aspekte des Menschen stehen stets im Mittelpunkt der psychosomatischen Medizin. Diese Wechselwirkungen werden sichtbar, wenn der Mensch in seiner Gesamtheit betrachtet wird und nicht nur als Teil einer Maschine.[16] Besonders deutlich wird diese Bedeutung an einem konkreten Beispiel: Ein dualistisch denkender Mediziner würde Asthma bronchiale als allergische Reaktion auf einen Erreger bezeichnen. Das Ausatmen fällt dabei besonders schwer.

Dabei können körperliche Reize, beispielsweise Allergene, Schadstoffe, kalte Luft, und psychische Reize, wie Ärger, Angst oder bestimmte Konflikte, Asthmasymptome hervorrufen oder ein bestehendes Asthma aufrechterhalten. Bis zu einem gewissen Grad können diese Reizstoffe Asthmasymptome auslösen.[17]

Als weiteres Beispiel kann folgendes Geschehnis herangezogen werden.

Eine ältere Dame hat seit zehn Jahren Gesichtsschmerzen. Diese kamen, nachdem ihr Sohn gestorben war, wobei er bei einem Unfall schwere Gesichtsverletzungen erlitten hatte.

Bei ihr wurde damals aus psychosomatischer Sicht eine Konversionsstörung diagnostiziert. Hervorzuheben ist dabei der enge Zusammenhang zwischen dem Tod des Sohnes und dem Eintritt der Beschwerde, die auch seiner Unfallverletzung sehr ähnlich ist. Obwohl ein Teufelskreis entstand, konnte sechs Jahre nach Ende der psychosomatischen Behandlung der Gesichtsschmerzen die Patientin geheilt werden bzw. ist sie asymptomatisch.[18]

In den letzten Jahren wurden spezifische Patientenschulungsprogramme für chronische Erkrankungen wie Asthma konzipiert, deren Symptome und langfristiger Verlauf durch aktive Teilnahme an der Behandlung bewältigt werden können. Das Ziel besteht darin, die Bereitschaft des Patienten, bei therapeutischen Massnahmen mitzuwirken, zu erhöhen. Ferner wird angestrebt, die Krankheit besser zu bewältigen.

Zusammengefasst wird in der psychosomatischen Medizin nicht nur der erkrankte Körper betrachtet, sondern auch der erkrankte Mensch samt seiner Umgebung.[19]

---

[16] Vgl. *Zaudig et al.* (2006), S. 416-420.
[17] Vgl. *Ernst et al.* (1996), S. 229-335.
[18] Vgl. *Fritzsche/Wirsching* (2002), S. 5-8.
[19] Vgl. *Arolt/Diefenbacher* (2004), S. 232-233.

2 A2 Psychologische Forschung

In diesem Abschnitt wird erläutert, wieso das Experiment den Königsweg der naturwissenschaftlichen Psychologie darstellt. Des Weiteren werden die Vor- und Nachteile in Bezug auf Feldstudien analysiert.

2.1 Experiment als Königsweg in der Psychologie

Aufgrund hochwertiger Methodik und geltender Qualitätsstandards, vor allem aber aufgrund der Interpretation kausaler Zusammenhänge, wird das Experiment in der naturwissenschaftlichen Psychologie als Königsweg betrachtet. Die Anfänge der modernen quantitativ messenden wissenschaftlichen Psychologie lassen sich bis in das Jahr 1879 zurückverfolgen. Damals eröffnete Wilhelm Wundt (1832–1920) das weltweit erste psychologische Laboratorium. Er hatte den Anspruch, präzise Aussagen über Ursache und Wirkung von Phänomene in der Psychologie zu treffen. Dies erfolgte, indem er sorgfältige Beobachtungen anstellte, experimentelle Verfahren aufschrieb und mögliche Störvariablen kontrollierte.[20]
Wesentliche Merkmale des experimentellen Vorgehens waren:

- Möglichkeiten, dass seelische Prozesse objektiv beschrieben werden können
- Fähigkeit, mentale Prozesse nach Belieben zu erzeugen
- Reproduzierbarkeit experimenteller Studien

Experimente wurden durch Wundt zum Paradigma der psychologischen Forschung.[21]
In einem Experiment gibt es zwei Klassen von Variablen: einer bereits existierenden oder neu auftretenden Variable X, die auf das Auftreten oder den Ausdruck einer Variablen Y einwirkt.[22]
Psychologische Experimente dienen der kontrollierten Durchführung wissenschaftlicher Forschung unter Laborbedingungen. Bei der Versuchsdurchführung ist darauf zu achten, dass der Versuchsablauf nicht durch destruktive Einflüsse beeinträchtigt wird.[23]
Dabei gibt es eine unabhängige Variable (UV), die variiert werden kann.
Eine unabhängige Variable ist somit eine Variable, die Menschen verwenden oder ändern, um die Folgen auf eine oder mehrere andere Variablen anzusehen.
Die abhängige Variable (AV) ist die Variable, die den Effekt von Änderungen der unabhängigen Variablen beobachtet.

---

[20] Vgl. *Becker-Carus/Wendt* (2017), S. 2.
[21] Vgl. *Hussy et al.* (2010), S. 20-22.
[22] Vgl. *Müsseler/Rieger* (2017), S. 6.
[23] Vgl. *Mühlfelder* (2017), S. 73.

Experimente haben stets zwei Merkmale: zum einen die systematische Variation mindestens einer Variablen und die Veranschaulichung der Auswirkung dieser Änderung, zum anderen die Eliminierung möglicher Störvariablen.

Störvariablen können die Variablen in einem Experiment stören und die Beziehung zwischen unabhängigen und abhängigen Variablen verwischen.

Es können drei Störfaktoren genannt werden:

- Probandenmerkmale: Diese sind den Versuchsteilnehmern zuzuordnen.

  Unterscheiden sich die Probanden in verschiedenen Versuchsbedingungen (unterschiedliche Niveaus unabhängiger Variablen) bezüglich Geschlechts, Intelligenz, Bildung, Religion etc., stellen dies potenzielle Störvariablen dar.

- Situationsmerkmale: Sie sind mit dem Befragungskontext verbunden. Unterscheiden sich die Situationsmerkmale von Probanden in Bezug auf Tageszeit, Beleuchtung oder beispielsweise Geräusche, so sind diese als potenzielle Störvariablen anzusehen.

- Eigenschaften des Versuchsleiters: Damit sind die Eigenschaften des Versuchsleiters gemeint. Unterscheidet sich diese über verschiedene Versuchsbedingungen in Bezug auf Alter, Geschlecht und Aufmerksamkeit, dann ist sie auch als potenzielle Störvariable anzusehen.[24]

Die Kontrolle der störenden Variablen ist ein kritisches Merkmal aller Forschung.

Wenn Störfaktoren, wie die bereits beschriebenen Störvariablen, auftreten, sind die Ergebnisse ungültig und sollten äusserst vorsichtig interpretiert werden.

Aus diesem Grund ist es von erheblicher Relevanz, Störvariablen vollständig auszulöschen oder zumindest zu sammeln, damit deren Einfluss aus den Ergebnissen abgeschätzt und berechnet werden kann.

Da es jedoch nahezu unmöglich ist, alle vorhandenen Störvariablen zu identifizieren und zu berücksichtigen, werden randomisierte Experimente, d. h. eine zufällige Verteilung von Versuchsbedingungen und Probanden, durchgeführt.

Die Probanden werden in zwei vergleichbare Gruppen eingeteilt, die Experimentalgruppe und die Kontrollgruppe.[25]

Diese zufällige Zuordnung ermöglicht es, dass Probanden in Bezug auf alle möglichen Störvariablen statistisch vergleichbar sind.

Auch sind die experimentellen Ergebnisse reproduzierbar.

Diese Eigenschaften eines Experiments beschreiben eine ideale Situation, ein Laborexperiment. In diesem Fall gewährleisten Randomisierung und aktive Manipulation von UVs die Kontrolle über Störvariablen und maximieren so den Erkenntnisgewinn.

---

[24] Vgl. *Hussy et al.* (2010), S. 115-116.
[25] Vgl. *Kühl et al.* (2009), S. 535-536.

Weiter gibt es Quasi-Experimente, die keine Randomisierung vorsehen, sondern Themen bevorzugen oder bereits bestehende Gruppen nutzen. Daher können Kausalhypothesen nur bedingt überprüft werden.[26]

2.2 Vorteile und Nachteile psychologischer Experimente im Vergleich zu Feldstudien

Im Vergleich zu Feldstudien ist die Durchführung von Experimenten sehr komplex in Bezug auf Durchführung, Steuerung und Datenerhebung. Der Vorteil ist jedoch, dass die Kausalität genau bestimmt werden kann.

Darüber hinaus werden Störvariablen streng kontrolliert und Experimente besitzen somit eine hohe interne Validität.[27]

Psychologische Experimente unter Laborbedingungen sind aufgrund ihrer hohen internen Validität gut geeignet, belastbare kausale Erklärungen zu liefern.

Keine andere Forschungsmethode zeigt Ursache und Wirkung so direkt wie diese Methode. Dadurch ergibt sich eine Reproduzierbarkeit der Daten, da die gleichen experimentellen Bedingungen einfacher wiederhergestellt werden können.

Weitere Vorteile sind auch, dass Probanden beliebig den Bedingungen zugeordnet werden können, es kann ein breiteres Spektrum an Messungen durchgeführt werden und der Erfolgsdruck ist nicht so gross, wie es oft bei Feldstudien der Fall ist.

Andererseits sind diese Vorteile von Experimenten mit nicht zu vernachlässigenden Schwierigkeiten verbunden.

Während bei Feldstudien beispielsweise die Übertragbarkeit auf natürliche Verhältnisse ausserhalb des Labors (externe Validität) existiert, ist die Alltagsferne und Künstlichkeit als Mangel bei Experimenten anzusehen.

Feldstudien sind Quasi-Experimente, die in der natürlichen Umgebung der Studienteilnehmer, d. h. ausserhalb des Labors, durchgeführt werden.[28]

Laborbedingungen sind beispielsweise so konstruiert, dass die beobachteten Prozesse wenig mit dem zu tun haben, was im wirklichen Leben beobachtet werden kann.

Der Standort des Labors kann eine künstliche Situation schaffen. Menschen in einem Labor verhalten sich wahrscheinlich anders als an ihren Arbeitsplätzen, in einem Konferenzraum oder im Büro eines Kunden. Daraus geht hervor, dass experimentelle Alltagssituationen nur schwer abgebildet werden können.[29]

---

[26] Vgl. *Döring/Bortz* (2016), S. 193-201.
[27] Vgl. *Hussy et al.* (2010), S. 131-134.
[28] Vgl. *Schütz et al.* (2015), S. 258-270.
[29] Vgl. *Kühl et al.* (2009), S. 550-553.

Darüber hinaus müssen Forscher ethischen Grenzen Beachtung schenken.[30]

Als ein unethisches Humanexperiment kann das Milgram-Experiment (siehe Abbildung 1) herangezogen werden.

Milgram hatte das Ziel, zu untersuchen, inwieweit Menschen Autoritätspersonen gehorchen. Seine Probanden waren Lehrer, die den Schülern helfen sollten, Wortpaare auswendig zu lernen.

Wenn ein Schüler einen Fehler machte, korrigierte und bestrafte ihn der Lehrer mit einem Elektroschock.

Während die Schüler zunächst mit Bitten und Jammern, dann mit Schreien und schliesslich Schweigen reagierten, fuhren immerhin zwei Drittel der Lehrer, ohne zu zögern, bis zum tödlichen Stromschlag fort, obwohl der Taster mit der höchsten Stromstärke mit einer Warnblinkanlage ausgestattet war.

Die Milgram-Studie zeigte insgesamt, welche ethischen Probleme bei Testpersonen ausgelöst werden können und welchen Einfluss Autorität haben kann.[31]

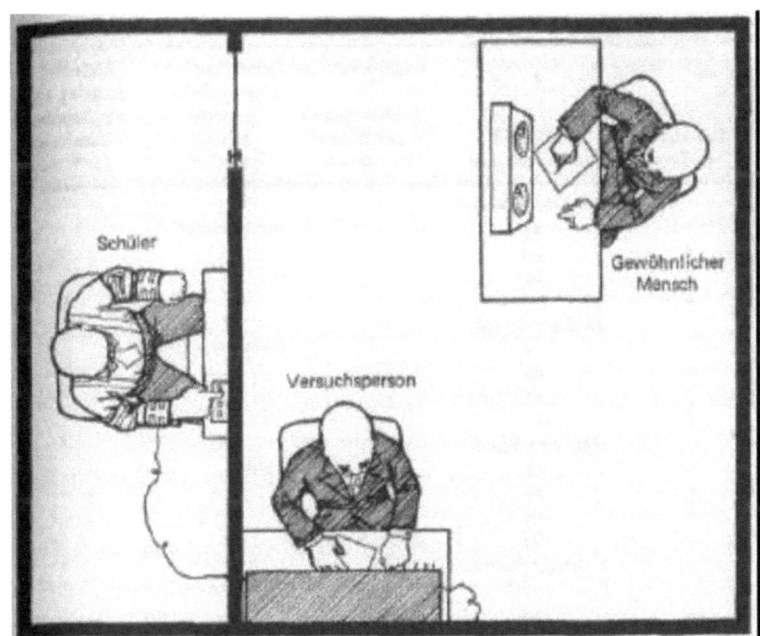

Abbildung 1: Milgram-Experiment

Quelle: (Milgram, 1997, S. 111)

---

[30] Vgl. *Mühlfelder* (2017), S. 70.
[31] Vgl. *Hussy et al.* (2010), S. 42-43.

3   Kognitive Wende

In diesem Abschnitt wird zuerst der Begriff kognitive Wende definiert. Danach wird aufgezeigt, welche Auswirkungen dieser Wendepunkt auf die psychischen Prozesse hatte. Abschliessend wird der Beitrag über computergestützte bildgebende Verfahren zur Erforschung psychischer Prozesse aufgegriffen.

3.1   Definition kognitive Wende

Die sogenannte kognitive Wende beschreibt den Übergang von einem behavioristischen Lernansatz zu einem kognitiven Ansatz. Lernen wird als Bildung komplexer mentaler Modelle und Wissensstrukturen verstanden. Diese Verschiebung erfolgte in den 1960er- und 1970er-Jahren, hauptsächlich aufgrund der Entwicklung digitaler Computer und ihrer Verwendung als Modelle des menschlichen Gehirns.

Die kognitive Wende wird vor allem durch soziale Konditionierung und den Wunsch nach wissenschaftlichen Theorien über das Denken stimuliert.[32]

3.2   Einfluss der kognitiven Wende auf psychische Prozesse versus Behaviorismus

Im Gegensatz zum Beginn der in der wissenschaftlichen Psychologie betriebenen Introspektion stellte John B. Watson um das Jahr 1900 die Behauptung auf, dass nur beobachtbares offenes Verhalten Gegenstand der wissenschaftlichen Psychologie sein sollte. Diese sei der Eckpfeiler der wissenschaftlichen Position in der Psychologie, die heutzutage als Behaviorismus bekannt ist. Watson kommentierte, dass die verwendete Introspektion in der Psychologie im Vergleich zu Beobachtungen in anderen wissenschaftlichen Bereichen nur privater Natur sei und daher als nutzlos für die objektive Wissenschaft angesehen werde.[33]

Behaviorismus ist ein Versuch oder eine Lehre, die Seele aus der Psychologie zu entfernen. Psychologie wird nicht mehr als psychologische Wissenschaft verstanden, sondern als Verhaltenswissenschaft. Mehr als jedes andere psychologische Paradigma wird der Behaviorismus durch dessen Methoden definiert. Für Behavioristen besteht Psychologie in der Beschreibung und Vorhersage von Verhalten.[34]

---

[32] Vgl. *Müsseler/Rieger* (2017), S. 188-189.
[33] Vgl. *Becker-Carus/Wendt* (2017), S. 7-8.
[34] Vgl. *Hecht/Desnizza (2012)*, S. 126.

Zusammengefasst besagt der Grundsatz des Behaviorismus, keine Annahmen darüber zu treffen, wie das Gehirn funktioniert, sondern sich nur auf die Beobachtungen der durchgeführten Experimente zu konzentrieren.[35]

In den 1950er-Jahren konzentrierten sich Forschende wieder auf Aufmerksamkeit, Gedächtnis, Mustererkennung, Bewusstsein, Sprachprozesse und Denken. Dabei etablierte sich die kognitive Psychologie immer deutlicher, wobei grosse Kritik am Behaviorismus ausgeübt wurde. Im Allgemeinen gelang es den Vertretern des Behaviorismus damals nicht, das menschliche Verhalten in seiner Vielfalt zu untersuchen, denn essenzielle Themen wie Gedächtnis, Aufmerksamkeit, Bewusstsein, Denken und bildhafte Vorstellung wurden komplett ausser Acht gelassen.[36]

Damals leistete Ulric Neisser (1928–2012) Pionierarbeit in der kognitiven Psychologie. Er definierte die kognitive Psychologie als das Studium, wie Menschen Wissen erwerben, konstruieren, speichern und nutzen, und legte den Grundstein für die moderne kognitive Psychologie.[37]

Das Credo der Kognitionspsychologie ist, dass innere Prozesse Gegenstand der Psychologie sind. Die kognitive Psychologie beschäftigt sich damit, wie Menschen wahrnehmen, denken, planen, Entscheidungen treffen und letztendlich handeln.

Im Folgenden wird eine vereinfachte Darstellung der kognitiven Psychologie wiedergegeben.[38]

Aufnahme von Informationen	Verarbeitung von Informationen	Speicherung von Informationen
z. B. Wahrnehmung, Aufmerksamkeit	z. B. Denken, Entscheiden	z. B. Gedächtnis

Abbildung 2: Kognitive Psychologie

Quelle: (Hänsel et al., 2016, S. 25)

Parallel zu den neuen Strömungen hatten sich auch methodisch neue Richtungen herausgebildet. Fortschritte in der Kommunikationstechnologie während und nach dem Zweiten Weltkrieg führten zu technologischen Innovationen.

Im Allgemeinen wurde der Behaviorismus durch ein kognitiv gewendetes Paradigma der Informationsverarbeitung ersetzt.

In den 1960er-Jahren waren auch die ersten Computer zu erfolgreichen Informationsprozessoren geworden. Kurz danach begannen Psychologen, von strengen Analogien bis hin zu

---

[35] Vgl. *Sokolowksi* (2013), S. 28.
[36] Vgl. *Solso* (2005), S. 17-18.
[37] Vgl. *Hecht/Desnizza* (2012), S. 138.
[38] Vgl. *Hänsel et al.* (2016), S. 24-25.

sorgfältigeren Vergleichen die grossen Ähnlichkeiten zwischen Computern und Gehirnen zu theoretisieren. Seit dem kognitiven Wandel sind Computer für die Theoriebildung der Psychologie von erheblicher Relevanz, insbesondere im Bereich der sogenannten künstlichen Intelligenz (KI), die darauf abzielt, intelligentes Verhalten auf Computern zu simulieren. Hierbei wurde eine Theorie der menschlichen Problemlösung konzipiert, die eng mit Computern verwandt war.

Neisser definierte damals auch die Aufgabe der Psychologie bzw. der kognitiven Psychologie neu:[39]

«Die Aufgabe eines Psychologen, der versucht, menschliches Erkenntnisvermögen zu verstehen, ist mit derjenigen vergleichbar zu wissen, wie ein Computer programmiert ist – vornehmlich dann, wenn das Programm Informationen speichert und abruft und er wissen möchte, durch welche 'Routinen' oder 'Prozeduren' dies geschieht. Wenn dies so ist, ist es ihm egal, ob sein spezieller Computer Informationen in Magnetkernen oder auf Microfiches speichert; er möchte das 'Programm' verstehen, nicht die 'Hardware'. Genauso würde es dem Psychologen nicht helfen zu wissen, dass das Gedächtnis durch die RNA im Gegensatz zu einem anderen Medium repräsentiert wird. Er möchte seine Verwendung verstehen, nicht das Medium.»[40]

Es geht hervor, dass in der kognitiven Psychologie grosser Wert auf die Informationsverarbeitung gelegt wurde, die das Verhalten von Individuen bestimmt. Im Gegensatz zum Behaviorismus wird menschliches Verhalten nicht als blosse Reaktion auf Umweltreize angesehen, sondern als Ergebnis der kognitiven aktiven Verarbeitung eingehender und aktiv ausgewählter Umweltreize. Das menschliche Verhalten wird nicht durch objektiv beschreibbare Umweltumstände bestimmt, sondern durch das, was aufgrund der Verarbeitung persönlicher Sinnesinformationen als wahr ansehen wird.

In kognitiven Ansätzen werden mentale Prozesse und Strukturen als die wichtigsten Grundlagen für Verständnis menschlichen Verhaltens angesehen.

Ausgehend von der Forschung des Denkens und menschlichen Wissens (Kognition) hat sich dieser Ansatz auf fast alle Bereiche der Psychologie ausgebreitet.[41]

---

[39] Vgl. *Hecht/Desnizza* (2012), S. 139.
[40] *Hecht/Desnizza* (2012), S. 140.
[41] Vgl. *Becker-Carus/Wendt* (2017), S. 8-9.

3.3 Computergestützte bildgebende Verfahren

Bildgebende Verfahren sind für die Grundlagenforschung wichtig, weil diese einen Blick in das Innere des Körpers ermöglichen. Ebenso sind diese in der Diagnostik unverzichtbar geworden. Des Weiteren ermöglichen sie ohne chirurgische Eingriffe Einblicke in die kortikalen und subkortikalen Regionen des Gehirns.

Als klassische bildgebende Verfahren können die Computertomografie (CT), Magnetresonanztomografie (MRT), funktionelle Magnetresonanztomografie (fmRT), Positronen-Emissions-Tomografie (PET), Elektroenzephalografie (EEG) und Single-Photon-Emissionscomputertomografie (SPECT) angesehen werden.[42]

Das Ziel ist es, mithilfe dieser Verfahren zu prüfen, ob psychiatrische Symptome durch Erkrankungen des Gehirns verursacht werden, beispielsweise Durchblutungsstörungen, entzündliche oder degenerative Prozesse, die einer Behandlung bedürfen.

Beim CT werden Röntgenstrahlen zunächst nacheinander aus verschiedenen Richtungen durch eine einzige Körperschicht geschickt, um Bilder des Körperinneren zu erstellen, damit Krankheiten oder Verletzungen diagnostiziert werden können.

Die Verwendung einer CT kann das Innere des Körpers genauer darstellen als eine normale Röntgenuntersuchung, ist jedoch auch mit einer höheren Strahlenbelastung verbunden und Kontrastmittel muss gegeben werden.

CT-Scans sind schnell durchführbar und erfordern keine langen Vorbereitungszeiten, was diese besonders wertvoll in der Notfallmedizin macht.[43]

Bei der Darstellung kleinerer Verletzungen oder Veränderungen stösst die CT jedoch an ihre Grenzen und dann ist die Magnetresonanztherapie (MRT) das geeignetere Verfahren. MRT-Bilder sind so detailliert, dass selbst kleine strukturelle Veränderungen erkannt werden können.

Bei der Magnetresonanztomografie werden, wie bei der Computertomografie, Schnittbilder erzeugt. Die MRT hat jedoch viele Vorteile gegenüber der CT. Hier kann ohne Strahlenbelastung gearbeitet werden, die Schnittebene ist in allen Raumrichtungen frei wählbar, d. h. im Gegensatz zur CT, die nur senkrecht zu den drei Hauptachsen steht, hat das Ergebnis eine höhere Auflösung und das Verfahren ist kontrastmittelfrei.

Durch dieses Verfahren kann beispielsweise gezeigt werden, wie sich neurologisch erkrankte Gehirne von gesunden Gehirnen unterscheiden.[44]

Die funktionelle Magnetresonanztomografie ist eine Weiterentwicklung der Magnetresonanztomografie und stellt eine Kombination aus strukturellen und funktionellen Ansätzen mit

---

[42] Vgl. *Birbaumer/Schmidt* (2016), S. 6,
[43] Vgl. *Lehmer et al.* (2011), S. 221,
[44] Vgl. *Schandry* (2011), S. 530-531,

hoher zeitlicher und räumlicher Auflösung dar. Neben anatomischen Gegebenheiten werden physiologische Veränderungen der Gehirnfunktion bei kognitiven, emotionalen, sozialen oder ähnlichen Aktivitäten gemessen. Klassische fMRT-Techniken basieren auf dem Nachweis erhöhter Konzentrationen von Oxyhämoglobin aufgrund eines erhöhten Blutflusses in aktiven Hirnregionen. Im englischsprachigen Raum ist der Begriff Blood Oxygen Level Dependent oder BOLD fMRI geläufig.

So sind Phantomschmerzen nach Amputationen von Körperteilen seit prähistorischen Zeiten bekannt. Bis in jüngster Vergangenheit konnten Phantomglieder jedoch weder entdeckt noch ihre zugrunde liegenden Mechanismen verstanden werden.

Ein Vergleich von Amputierten mit und ohne Phantomglieder in einer fMRT-Studie zeigt deutlich deren Empfindungen. Beispielsweise ist die Aktivität, die im Gehirn auftritt, wenn ein Phantomglied wahrgenommen wird, einer echten Hand sehr ähnlich.

In diesem Fall verbleibt die amputierte Hand tatsächlich im Gehirn.

Erstmals konnte dieses Gefühl mit einem bildgebenden Verfahren objektiv nachgewiesen werden. Damit wurde der Grundstein für mehrere neue Behandlungen gelegt. Darüber hinaus ist ein zentraler Forschungsschwerpunkt die Erkennung kognitiver Beeinträchtigungen bei bekannten psychiatrischen Erkrankungen, insbesondere in den beiden grossen Bereichen Schizophrenie und Depression.

Der grosse Vorteil des neuen funktionellen Bildgebungsverfahrens liegt in der geringeren Belastung des Untersuchten (kein Einsatz von Medikamenten, radioaktiven Substanzen oder Kontrastmitteln).[45]

Hauptanwendungsgebiete der Positronen-Emissions-Tomografie (PET) sind die Onkologie, aber auch die Kardiologie, Neurologie und die Psychiatrie. Damit können demenzielle Erkrankungen, Entzündungsprozesse und koronare Herzkrankheiten untersucht werden. Somit bietet die PET Einblicke in eine Vielzahl von Gehirnfunktionen. Die am häufigsten untersuchte Funktion ist der zerebrale Glukosestoffwechsel, der sowohl im Alltag als auch bei wissenschaftlichen Fragestellungen relevant ist.

Mit der Positronen-Emissions-Tomografie (PET) wird die Energieemission aufgezeichnet, die beim Zerfall eines Positrons entsteht, wenn es mit einem Elektron kollidiert, was unter Emission von Gamma-Photonen erfolgt.

Die Technik wird häufig in der Parkinson- und Schizophrenie-Forschung eingesetzt.[46]

Ein Elektroenzephalogramm ist eine nicht invasive Untersuchung der Gehirnfunktion oder -funktionsstörung. Ein EEG ist essenziell zur Abklärung von Epilepsie und wird in der Schlafmedizin, Intensivmedizin oder Neurologie eingesetzt.

---

[45] Vgl. Lehrner et al. (2011), S. 275.
[46] Vgl. *Schandry* (2011), S. 533-534.

Im Rahmen der Hirntoddiagnostik ist das EEG beispielsweise die in Österreich am häufigsten eingesetzte gerätegestützte Zusatzuntersuchung zum Nachweis des Ausfalls des gesamten Gehirns. Mit diesem diagnostischen Verfahren wird die elektrische Aktivität des Gehirns durch den Schädel gemessen.[47]

Schliesslich gibt es noch die SPECT, eine Prüfung in der Nuklearmedizin bei dem eine radioaktiv markierte Substanz gegeben wird. Die Substanz wird im Körper üblicherweise verteilt, um das Herz zu untersuchen. Ferner eignet sich das Verfahren auch für die neuronalen Diagnostik. Mithilfe der SPECT ist es möglich, Alzheimer, Epilepsie oder Parkinson zu erkennen.[48]

---

[47] Vgl. *Lehrner et al.* (2011), S. 185-187.
[48] Vgl. *Lehrner et al.* (2011), S. 253-257.

Literaturverzeichnis

Arolt, V./Diefenbacher, A. (2004), Psychiatrie in der klinischen Medizin. Konsiliarpsychiatrie, -psychosomatik und -psychotherapie, 1. Aufl., Wiesbaden.

Becker-Carus, C./Wendt, M. (2017), Allgemeine Psychologie. Eine Einführung, 2. Aufl., Berlin.

Birbaumer, N./Schmidt, R. F. (2006), Biologische Psychologie, 6. Aufl., Berlin.

Brüntrup, G. (2018), Philosophie des Geistes. Eine Einführung in das Leib-Seele-Problem, 1. Aufl., Stuttgart.

Corcilius, K. (2017), Über die Seele De anima, 1. Aufl., Hamburg.

Döring, N./Bortz, J. (2016), Forschungsmethoden und Evaluation in den Sozial- und Humanwissenschaften, 5. Aufl., Heidelberg.

Fritzsche, K./Wirsching, M. (2020), Basiswissen Psychosomatische Medizin und Psychotherapie, 2. Aufl., Berlin.

Galliker, M. (2016), Ist die Psychologie eine Wissenschaft? Ihre Krisen und Kontroversen von den Anfängen bis zur Gegenwart, 1. Aufl., Wiesbaden.

Habersack, M. (2010), Unartikulierte Körper. Plädoyer für kontextintensive Gesundheitswissenschaften, 1. Aufl., Wiesbaden.

Hänsel, F./Sören, D./Baumgärtner, J. M./Kornmann, F. E. (2016), Sportpsychologie, 1. Aufl., Berlin.

Hecht, H./Desn*izza, W.* (2012), Psychologie als empirische Wissenschaft. Essentielle wissenschaftstheoretische und historische Grundlagen, 1. Aufl., Heidelberg.

Hussy, W./Schreier, M./Echterthoff, G. (2010), Forschungsmethoden in Psychologie und Sozialwissenschaften, 1. Aufl., Heidelberg.

Kühl, S./Strodtholz, P./Taffertshofer, A. (2009), Handbuch Methoden der Organisationsforschung. Quantitative und Qualitative Methoden, 1. Aufl., Wiesbaden.

Lehrner, J./Pusswald, G./Fertl, E./Strubreither, W./Kryspin-Exner, I. (2011), Klinische Neuropsychologie Grundlagen, Diagnostik, Rehabilitation, 2. Aufl., Wien.

Meyer, O. (2005), Leib-Seele-Problem und Medizin. Ein Beitrag anhand des frühen 20. Jahrhunderts, 1. Aufl., Würzburg.

Milgram, S. (1997), Das Milgram-Experiment. Zur Gehorsamsbereitschaft gegenüber Autorität, 1. Aufl., Hamburg.

Myers, D. G. (2008), Psychologie, 2. Aufl., Heidelberg.

Müsseler, J./Rieger, M. (2017), Allgemeine Psychologie, 3. Aufl., Heidelberg.

Mühlfelder, M. (2017), Einführung in die Psychologie, 1. Aufl., Studienbrief der SRH Fernhochschule, Riedlingen.

Schandry, R. (2016), Biologische Psychologie, 4. Aufl., Basel.

Schmitt, G. (2020), Die unbedingte Forderung. Eine philosophisch-anthropologische Rekonstruktion, 1. Aufl., München.

Schütz, A./Brand, M./Selg, H./Lautenbacher, S. (2015), Psychologie. Eine Einführung in ihre Grundlagen und Anwendungsfächer, 5. Aufl., Stuttgart.

Solso, R. L. (2005), Kognitive Psychologie, 6. Aufl., Heidelberg.

Sokolowski, K. (2013), Allgemeine Psychologie für Studium und Beruf, 1. Aufl., München.

Tobinski, D. A. (2017), Kognitive Psychologie. Problemlösen, Komplexität und Gedächtnis, 1. Aufl., Berlin.

Zaudig, M./Trautmann, R. D./Joraschky, P./Möller, H. J./Rupprecht, R./Sass, H. (2005), Therapielexikon Psychiatrie, Psychosomatik, Psychotherapie, 1. Aufl., Heidelberg.